AF224404

DÉVELOPPEMENT SUCCINT DES PRINCIPES CONSTITUTIONNELS,

PAR LES FAITS DES JACOBINS,

AU GÉNÉRAL DUMOURIEZ,

D'après ses Mémoires de 1794.

POST TENEBRAS LUX.

Par un GENTILHOMME *de la province d'Auvergne.*

Sainte *Vérité*, attribut de l'indulgente Divinité, reçois mon hommage pur : tes rayons éclairent l'homme qui veut être juste ; mais permets qu'en parlant, pour ton triomphe, des crimes des hommes, j'adoucisse tes traits. Les cœurs sensibles et vertueux te conjurent de souffrir que je taise mille fois plus que je ne dirai.

DÉVELOPPEMENT
SUCCINT,

AU GÉNÉRAL DUMOURIEZ,

D'après ses Mémoires de 1794.

Pour donner des avis à toute une nation, il faut être un sage, un vrai patriote : or je conteste, monsieur, ces deux qualités à celui qui, avec une humilité apparente sur quelques fausses combinaisons militaires et politiques, s'annonce sans modestie pour l'imitateur d'un sage, d'un patriote, de Q. Fabius Maximus. Ce seroit vous, monsieur, qui, au titre de son imitateur, prétendriez donner des leçons à toute la France ? Mais vous n'êtes pas un sage, car dès la naissance des factions horribles qui ensevelissent la France sous des ruines et des tombeaux, vous vous êtes constamment paré de tous les grelots de la folie et dans toutes ses variantes. Vous n'êtes pas un patriote, car fidele à suivre le fil de toutes les conspirations, vous n'avez cessé d'arborer les

A 2

livrées différentes de la révolte, que quand vos jours menacés par vos chefs adoptifs, vous vous êtes trouvé contraint de recourir à la fuite, à la vengeance. Vous n'êtes pas un vrai patriote, car dans l'impuissance (heureusement) d'occuper activement la scene, vous répandez un écrit apologétique de la révolte, où vous versez à grands flots le poison d'un reproche perfidement faux , sur la classe des bons Français, qui veulent l'ordre et la justice ; vous rappellez de l'antre ténébreux l'hydeuse discorde, la funeste division, dans la crainte, sans doute, qu'elles n'abandonnent trop tôt le théâtre de leurs forfaits.

Bon Français , de plus. gentilhomme , je ne m'abaisserai point à des invectives personnelles, ma noblesse étant plus dans mon cœur encore que dans mes titres. Je crains Dieu ; je chéris la vérité ; j'abhorre le crime , et méprise la vengeance. Je ne vous parlerai pas au nom des royalistes purs , que vous injuriez à tout moment, parce que je n'en ai pas la commission ; et si je me sers de l'expression *nous*, ce ne sera qu'en parlant des devoirs et des sentimens du bon Français. Je serai toujours soumis à un repentir vrai, si je m'écarte involontairement du sentier étroit du devoir, et mon cœur blâmera les expressions peu dignes du sentiment qui m'anime :

alors seulement je réclamerai l'indulgence des cœurs sur les fautes de l'esprit.

J'unis mon espoir à celui de Fabius, *que la vérité peut être éclipsée, mais que, semblable au feu sacré, ne pouvant jamais être éteinte, tôt ou tard elle percera les nuages qui l'effacent.* La Providence nous le promet. Je l'invoque donc cette vérité! Mais redoutez-la, vous Mr. Dumourier, vous et tous vos compagnons de révolte, quelques dénominations de factieux que vous ayez prises, soit de constitutionnels, de monarchiens, de modérés, de jacobins, de monarchistes, de ré-publicains, de fédérés, de cordeliers enfin : re-doutez-la cette vérité; elle sera le précurseur de la vengeance des loix, la seule qui doit vous donner à penser, puisque vous êtes au milieu des soutiens des loix, et loin de la sphere du criminel et de l'impie. Les royalistes purs, vos ennemis, voudroient vous mettre à l'abri du fanatisme anti-social que vous avez allumé, mais ne peuvent répondre que des étincelles, dirigées par des mains dignes du corps qui les fait mou-voir, n'aillent vous atteindre dans votre refuge. Le fanatisme des opinions, ou l'oubli des prin-cipes, plane si impérieusement sur cette époque, que l'homme raisonnable évite la plus légere discussion. Je me contenterai donc, par des faits

A 3

nótoires , d'opposer la vérité au mensonge.

A l'instar des factieux de toutes les classes , vous supposez dans tout votre écrit des torts faux à cette portion de Français jusqu'ici irréprochables , dans l'espoir sans doute de la frustrer de la seule richesse qu'elle ambitionne , l'honneur ; et pour parvenir à détourner la justice et l'équité , qui s'éléveront toujours contre les révoltés de tous les temps , de tous les lieux.

Dans le mode adopté depuis cinq ans , de prendre la partie pour le tout , et de parler cinquante , un seul souvent , au nom de tous , vous étendez à tous les royalistes purs les torts payés , les cris dictés à quelques rebelles lancés parmi nous , pour tâcher de nous désunir , au moins de nuire, en nous imputant leurs propres torts et leurs cris. Vous auriez eu encore un succès trop grand , si , par ce manege constant, en usage depuis trois ans , vous eussiez pu égarer un seul de nous. Jouissez de celui d'en avoir imposé à beaucoup d'étrangers.

A l'instar des athées régicides, qui audacieusement ont osé donner le nom d'opinion religieuse à leurs impietés , de vertus à leurs crimes ; qui ont osé appeller raison la folie, sagesse la démence , vous osez aussi donner le nom de partie saine de la nation à la partie la plus coupable , celle des constitutionnels. Toutes les classes de factieux n'ont fait que suivre la lice que celle-ci a ouverte, les traces qu'elle a frayées. C'est cette classe de constitutionnels qui la premiere a juré la ruine de l'antique constitution Française de quatorze siecles de durée ; la premiere elle a secoué la torche funebre du fanatisme immoral de l'intolérance sociale. C'est elle qui a versé ses pavots empoisonnés sur l'esprit du peuple, pour qu'il fût insensible aux maux qu'elle lui préparoit. Il étoit ivre par ses mains, quand les derniers des crimes se sont commis. C'est elle qui, par la voie d'un de ses chefs les plus fideles, a affiché pour le *palladium* de ses principes, que l'insurrection est le plus saint des devoirs; elle a soulevé l'armée contre son roi. La premiere elle a criminellement disposé à main armée de la personne sacrée du roi, soit en le faisant conduire honteusement de Versailles à Paris le 6 octobre 1789, n'ayant de ses gardes pour escorte que leurs têtes portées sur des piques; soit en le ramenant de Varenne chargé de fers, sous la géole de trois scélérats, dont un est dans les cachots Prussiens avec le général Parisien, l'éditeur du plus saint des devoirs. C'est donc elle qui a préparé le massacre sacrilege de l'oint du seigneur et de sa royale épouse, n'ayant pu l'exécuter le même jour qu'elle l'avoit conçu, le 6 octobre 1789; et vous osez l'appeller la partie saine de la nation. C'est elle enfin qui a posé la première pierre de cet édifice monstrueux, qui récele des crimes jusqu'ici inouis, et dont la durée est tolérée par l'Europe. Et vos intentions étoient pures? et vous êtes la partie saine de la nation? Ah! si notre infortuné monarque, au lieu de se rendre aux conseils perfides d'un ministre, et d'un courtisan encore plus perfide, se fût servi, le 6 octobre 1789, de la noblesse qui le pressoit, de ses gardes-du-corps qui l'entouroient, et de ses fideles gardes-Suisses, qui eussent été à cette époque aussi dévoués qu'ils l'ont été le 10 août 1792, les tribunaux eussent imposé le sceau de sanité, qui appartient à cette classe de la nation. Les informations sont faites et publiques; Louis XVI régneroit encore sur nous.

Cette classe des constitutionnels, parmi laquelle vous vous rangez, est plus coupable qu'aucune, même celle des jacobins; voici mes preuves.

Cette première a pris ses complices dans les plus hauts rangs du royaume, du tiers-état, de la magistrature, de la noblesse, des ministres des autels, des évêques, du sang royal même, qui s'étoit ruiné pour corrompre, (et vous le savez). Cette première est donc la plus monstrueusement

ingrate de se révolter, la plus folle de vouloir
se détruire elle-même.

La derniere, celle des Jacobins, qui régne aujourd'hui à la face de l'Europe insensible, qui
prétend lui donner la loi , ou lui accorder la
paix , avec laquelle tout n'aguerre , on négo-
cioit: tous ces membres dis-je, ont été oubliés,
(par la justice) dans la lie des nations, sur les
galères ou sur les traiteaux : donc aucuns ne
sont sortis de leurs spheres , de crainte et de
terreurs; ils ennivrent le peuple; parce que vous
Constitutionnels , l'avez ennivré des erreurs phi-
losophiques de la revolte ; et conséquemment à
vos principes développés, ils assassinent, ils bru-
lent, ils démollissent, ils tarissent et détruisent
les sources même des richesses ; ils blasphêment,
ils appellent des complices coopartageants de
toute la surface du globe ; et personne n'y est
assez indigné pour appeller au secours la justice, et purger la terre. Que dis-je ? il seroit presque croyable que l'on est tenté de vouloir partager avec eux les dépouilles pestiferées de ce
malheureux royaume. Seulement la curiosité souvent insensible , l'égoïsme toujours dur s'occu-
pent froidement à classer les plus ou moins for-
faiteurs , à nombrer leurs victimes.

Les Constitutionels , les Jacobins et tous les factieux semblent dire à l'Europe , et lui disent peut être par les différents organes du crime : nous avons tué Louis et sa femme. Nous tenons enfermé, son fils, sa fille et sa sœur ; un sort semblable les attend. Nous avons proscrit le reste de sa famille ; Clergé , Noblesse, tous les propriétaires, Dieu même. Nous sommes maîtres de la France entiere ; que voulez vous que nous vous en cédions, pour nous en laisser disputer entre nous, les tristes, pulvereux, enfumés et sanguinolans lambeaux ? et vous Mr. Dumouriez, en parlant démembrement, vous y invitez, vous reveillez la cupidité , parce que vous en êtes dévoré ; et vos intentions étoient pures ? vous les consignez ces intentions dans la fin de votre Préface, en disant : *je ne ferai la guerre, même au service de ma Patrie, que quand je la trouverai juste et utile.* Avec de tels principes, échauffant l'officier et le soldat : vous rendez nos armées bien utiles. (*a*) Vous les consignez encore ces in-

______

(*a*) Votre armée soumise à cette doctrine nouvelle, [mais digne d'un Constitutionel], en a prouvé l'utilité, l'assurance. Car qui a trouvé la guerre injuste et inutile , et a regagné ses foyers ; qui a trouvé la guerre juste, en relevant l'argent des Commissaires.; qui au-dessus de la corruption [et c'est un petit nombre], a reconnu son crime , a posé les armes devant les Alliés du tróne Français.

tentions, dans votre réponse à la question d'un officier Général, gentil-homme du Dauphiné, vous demandant si vous ne preniez pas le parti de l'honneur; à quoi vous avez généreusement répondu. *Par tout où il y aura de l'argent je m'attacherai.* Voilà vos intentions pures, qui ont surement présidé au plan brillant sur la Hollande : telles étoient celles des Constitutionels. Les Monarchises sont-ils plus modérés? mais les Jacobins, vos élèves, à vous tous factieux , ont poussé le vil génie de l'âpre avidité à son dernier période; ils ont sçu dépouiller les morts même, en fouillant les tombeaux; et tout ce qui respire encore sous leur empire aussi infernal que tirannique , peut lire son arrêt de mort dans ses contracts , le trouver consigné dans ses coffres. Plutus , est le dieu de vos cœurs forcenés rébelles : les poignards et le poison , sont vos sceptres; vous ne savez que payer des fureurs , acheter des forfaits. *Sainte vérité !* je recule d'horreur , en te prononçant. GRAND DIEU ! tes jugemens sont terribles, détourne la vengeance: les sacriléges exécuteurs de ton céleste courroux , outrepassent sûrement les décrets de ta Divine justice : nos cœurs humiliés et contrits ne peuvent la fléchir et l'appaiser.

Vous encore, M. Dumouriez, sur les instructions de votre parti monarchiste et de son chef;
vous osez calomnier tous les Bourbons, ils ne
font qu'un avec les royalistes, purs que vous
nommez seuls ; vous calomniez dis-je, tous ces
descendans des anciens Francs ; vous insultez insultez injurieusement à leurs prétentions, mais,
peuvent - elles être douteuses : vive Dieu du
fond de nos cœurs, vous disent les cendres de
Henri : n'ouvrez et n'interrogez que mon régne.

Vous appellez constutionnelle, monarchiste,
votre prétendue partie saine de la nation : cette
dénomination est fausse : vous savez vous même
que ces deux factions sont opposées de temps,
de liens, de principes. De temps , parce que la
constitutionnelle est la premiere en date : de liens,
parce que la monarchiste s'est formée hors de la
France, des débris, des fugitifs du parti monar-
chien, renversé par les constitutionels et jacobins: de principes, parce que les constitutionels
malgré la sublimité de leur constitution mor-te-
née, devant laquelle vous mettez gratuitement
en admiration la Suisse , l'Italie , l'Allemagne,
(pourquoi par réticence oubliez - vous l'Angle-
terre, la Russie) parce que dis-je, les Constitu-

tionels veulent une constitution impossible , un gouvernement inconnu, un roi de théâtre : et que les monarchistes , et surtout leur chef, veulent un roi arbitraire , dont ce chef a usurpé le titre de ministre , avoué, du quel il avoit été dépouillé par le roi de France.

Mais ne parlez-vous pas sans mission au nom de tous ? ne voulez-vous pas tâcher de rallier tous les Constitutionels non convertis, au parti Monarchiste; parce que , hors la France il existe encore, et possede un Chef, qui se vante d'influencer une grande Puissance de l'Europe, d'entraver les désirs purs des bons Français, et de leurs Chefs tous les Bourbons,

N'êtes-vous pas un mandataire volontaire de ce chef Monarchiste? et nourri dès votre jeunesse dans les représentations obscures de la diplomamatie ? ne vous ombrez - vous pas du Drapeau tricolor, (que vous détestez peut-être) pour rallier sous son ombre trompeuse , tous ceux qui ont encore les yeux fascinés , ou une coupable ambition dans le cœur? Louis XVI sans trésor, vous étoit devenu peu cher, ainsi qu'a beaucoup d'autres, comme vous l'observe avec justice. S. A. R. Monseigneur l'Electeur de Cologne : car témoin des mugissements horribles de trois cents et tant de tigres nourrissons des Constitutionels , (et parmi eux étoit ce D'ORLÉANS votre premier chef de parti) dont la soif impie, tenoient leurs geules béantes et alterées , humant d'avance le sang de Louis XVI , qu'ils alloient répandre ; tandis qu'un nombre égal de parjurés encore un peu HOMMES, blasphemoient que LOUIS n'étoit pas assez coupable pour la mort, mais méritoit la prison. Je veux croire que votre suffrage étoit pour ces derniers : et dès que le fil des jours du Roi a été sacrilégement tranché sous vos yeux, vous êtes venu (a grande hâte) prendre le commandement des troupes soldées de ses barbares assasins, et diriger leur aveugle et sauvage brutalité contre l'empire, la France réunis sous les mèmes drapeaux, et alliez contre leurs ennemis communs que vous conduisiez. Vous êtes sorti de Paris à la fin de Janvier 1793, Constitutionel, Jacobin ; et d'après leurs principes (seulement par calcul voulant éluder leur fureur) ; vous avez combiné des plans, pour soulever contre l'autorité légitime , les Pays-bas contre l'Empereur ; la Hollande contre le Stahouder : vous avez écouté avec une joie constitutionelle et jacobine, le rapport vrai ou faux de Mr. de Stael : *que tous les pays qu'il venoit de traverser vous attendoient avec empressement.* Pardon , mais je doute de la vérité de ce rapport, dans la bouche de celui qu'avoit choisi pour son Ambassadeur, un Roi que nous pleurons avec ses sujets fideles; que nous admirons avec l'Europe; nous ne pouvons pas préjuger son Ministre. Mais c'est à Louvain que vous êtes devenu monarchiste déclaré, et que vous avez combiné facile, la réunion des deux partis constitutionels et monarchistes. Là, d'après les instructions du chef des monarchistes, et conformément au plan qu'il avoit adressé à feu S. M. l'Empereur Léopold, à la fin de Janvier 1792, et dont il avoit faussement imputé l'approbation à Louis XVI, (le mensonge le plus grossier est une arme cherie des factieux); vous avez exigé que l'on renvoyât sur les derrieres, les Emigrés, les vrais Royalistes alliés de l'Autriche ; vous avez demandé que Mgr. le Prince de Cobourg avec son armée, gardât les frontieres pour intimider les factieux, et vous avez promis d'aller avec votre armée, détruire la convention dans Paris, sauver le reste de la famille Royale, la France, des fureurs des Jacobins, qui osoient être ingrats envers vous et vous proscrire ; sauver la famille Royale, la France, des prétentions déraisonnables des Bourbons et de leurs soldats les Royalistes purs : déraisonnables parce qu'ils ne vous promettoient pas la seconde place du gouvernement. Le Ciel a confondu vos pro-

jets , comme ceux de tous les rebelles; vous n'a-
vez pu réussir. Voilà votre conduite.

Nous exerçons sur vous notre juste vengeance ;
en vous livrant à vos remords : je souhaite qu'ils
vous conduisent au répentir. Mais enflé du succès trop facile de tous les factieux de la France,
à plonger dans l'erreur le malheureux peuple
Français, espérez-vous étendre le voile de l'erreur sur l'Europe couroucée, comme il couvre
déja une partie de l'Europe gouvernée?

Vous avez servi (sans le vouloir, je crois,)
notre cause, en assurant l'Autriche, l'Europe
de l'horreur qu'ont ressenti les troupes de lignes
sur-tout, et les gardes nationales, de la mort du
Roi. Nous le croyons avec vous. Vous avez
encore avancé une vérité, que si vous aviez disposé du numéraire qui vous étoit disponible ,
vous auriez pu soustraire la presque totalité de
l'armée, à l'apâs séduisant de la corruption,
qn'ont employé les exécuteurs régicides ; tant la
vile passion de l'argent a d'empire sur les esprits
foibles, à qui on a fait oublier le devoir. Vous
avez encore démontré une grande vérité, (que
nous ne cessons de répéter), que c'est la petite
minorité de la Nation, qui régit tout si horrible-
ment; puisque dans cette lutte fatale de l'injuste

contre

contre le juste, c'est toujours l'infiniment petite minorité, qui tient le sceptre. Vous avez donc prouvé que, quand les puissances de l'Europe seront animées d'une volonté juste, décidée et généreuse; cette lutte cessera bientôt, et la résistance sera foible.

Comment, Monsieur, osez-vous rendre compte des motifs et des pensées des Royalistes ? Continuellement dans la sphere du crime et de la révolte, vous ne pouvez être instruit des motifs et des pensées des royalistes, qui ont pour chefs tous les Bourbons ; vous n'avez pu en avoir des apperçus, que d'après les rapports faux de l'espionage, ou les calculs révolutionnaires de vos partis : puisque par vous-même, vous n'avez jamais été avec eux, vous n'avez jamais partagé leur vrai patriotisme, leur amour pour le roi, leur respect pour les loix ; et qu'au contraire vous avez fait la guerre à son oriflâme antique de quatorze siècles, pour celui élevé depuis cinq ans. L'étendart blanc flotoit aux plaines de Champagne, en opposite au drapeau tricolor que vous souteniez : et si des circonstances aussi incroyables, qu'incalculables, n'eussent amené une retraite, que rien ne nécessitoit, que la fatale destinée de la France, le drapeau tricolor fut rentré dès-lors, dans la fange qui l'a formé.

B

Comment osez-vous dire à l'Europe, (car les modestes écrivains de ce siècle, à l'égal de la divinité qu'ils renient, parlent toujours à l'univers,) comment osez-vous accuser devant l'Europe, cette partie vraiment saine de la Nation, de vouloir l'ancien régime et ses abus. Ah ! que nous serions heureux tous, si nous n'avions des larmes à répandre que sur ces abus : cette fatale et seule journée du 21 Janvier 1793, n'efface-t-elle pas, que dis-je, ne surpasse-t-elle pas mille ans d'abus ? A quoi bon ces exclamations mensongères avec lesquelles vous avez rendu le peuple Français malheureux, avec lesquelles vous l'avez plongé dans l'oubli de tous les devoirs, et avec lesquelles il est devenu l'ennemi momentané de ses vrais amis ? A quoi bon encore une fois, cette inculpation criminelle. Le mal est fait ? Calculez-vous d'en retarder le remede, ou prétendez-vous, vis-à-vis des princes de l'Europe, au succès facile, et qui n'a que trop réussi à tous les factieux du moment ? Ne vous vantez donc plus des vœux que vous prétendez faire pour votre patrie, puisque vous ne cessez, même par des désirs impuissants, de conjurer contre ses vrais soutiens. Nous nous élevons plus que qui que ce soit, contre les abus, puisque c'est à eux que nous devons la convocation illégale des

Etats-Généraux qui devoient nous libérer, et ont perdu le royaume et le Roi : puisque ce sont ces mêmes abus qui ont toléré la composition illicite de ces mêmes Etats-Généraux. Le Clergé et la Noblesse de Bretagne, les Etats d'Artois ont aussi reclamé les loix constantes du royaume, mais seuls, ils ont frappé du coup mortel cette dangereuse innovation ; seuls, ils n'ont pas cru devoir assister et n'ont point assisté à cette assemblée, qu'avec l'assentiment du devoir, ils n'ont justement considéré, que comme une réunion de conspirateurs, contre les fondemens de notre constitution. Puisque c'est aussi à ces abus que doivent de respirer encore en partie des êtres pervers, qui, s'ils eussent subi la juste répudiation de la société, qu'ils avoient mérité, ils n'en auroient été ni la honte ni les bourreaux ; puisqu'enfin c'est à ces abus, que la Noblesse peut reprocher de conter un aussi grand nombre de ses membres, parmi les scélérats du moment ; par ces abus, une partie avoit mal acquis sa Noblesse. Vous ne l'ignorez pas Mr. Dumourier, vous savez aussi bien que nous tous, que le trône avoit invité de les lui faire reconnoître, pour qu'il pût les corriger, eux et ceux qu'il seroit inutile de citer.

Vous représentez la partie saine de la Nation, *comme divisée en elle-même, en factions aussi actives, en intrigues, en brouilleries, en jalousies, que lorsqu'elle étoit à Versailles, à Paris.* Vous êtes toujours animé par la calomnie la plus acérée : nous avons laissé à Versailles, à Paris, les foiblesses, les vices même, si vous voulez : suites habituelles ou conséquentes de l'oisiveté, du luxe, des richesses et des désirs souvent injustes du séjour des capitales, des cours. Dans nos yeux vous voyez une paille, dans les vôtres, que montrez-vous ? le projet arrêté par les monarchistes, et inventé par leur chef, de déprimer les Bourbons émigrés, de les représenter incapables de gouverner une grande machine, de les faire envisager même comme desireux d'une autorité qu'ils ne devoient pas exercer, suivant, ce chef seul, lorsqu'il a été question de la régence; objet si impérieusement décidé par la loi salique, qui prononce pour le trône comme pour la régence. Les abus ne détruisent pas la loi, c'est peut-être aux menées sourdes des monarchistes qu'il faut attribuer si les Puissances ont méconnu jusqu'à présent, que la France n'a gémi et ne gémit que parce qu'elle est privée de ses chefs naturels, et de ceux qui partagent leur confiance ; que parce que nos chefs sont privés des secours de notre

obéissance ; que parce qu'enfin ils ne nous conduisent plus, qu'ils ne nous commandent plus.
Souverains, la France réclame ses chefs, ren
dez-leur leurs titres ; tout vous en fait un devoir,
si vous voulez assurer la durée des vôtres.

Vous inculpez encore le Clergé tacitement,
Monsieur, dans cette phrase citée, *en factions
aussi actives, etc.* parce que dans le plan déja rap-
porté, votre chef y convoitoit la presque totale
spoliation du Clergé, d'après les principes du
commencement du seizieme siècle, parce que les
vertus du Clergé étoient inutiles à son gouvernement, l'arbitraire gouvernement que les Bourbons rejettent avec autant de force, que les
bons Français. Ce plan conspiroit également la
destruction des parlemens, attendu que leur in-
corrubtible inflexibilité, pour **des** principes nou-
veaux ou des changemens dangereux, ména-
çoit son gouvernement d'être renversé avant
qu'il ne fût sorti de terre ; attendu encore que les
parlemens lui faisoient préjuger leur fidélité au
précepte de Louis XII, qui leur commandoit de
ne point obéir à ses édits même, si on lui en
surprenoit d'injustes.

Vous nous supposez pour unique intention de
vouloir *retrouver nos châteaux, nos biens, nos jouissances, etc.* mais vous nous avez appris par vos

cent bouches que vous n'aviez rien épargné ; et toujours loin du cœur des bons Français, vous ignorez (parce que autres sont vos intentions pures et connues,) que nous ne prétendons retrouver en France, que le seul bonheur, la simple jouissance que la vertu y ramenera? Et certes, ce sera une preuve de vrai courage, de s'empresser à aller couvrir religieusement les victimes, encore fumantes, de votre inouie et barbare atrocité : ce ne sera qu'un devoir, que nous brulons de remplir, d'aller sauver les victimes que votre férocité fatiguée, tient enchainées et n'a pas encore immolées. SOUVERAINS, aidez-nous donc, et promptement. Nous avions parmi nous des factieux, il est vrais, mais c'étoient des Constitutionels, monarchiens, monarchistes, des Jacobins même: les plus forcenés ont été repudiés, et nous avons sciemment gardé parmi nous, ceux susceptibles de se purifier au rayon du flambeau de l'honneur, de se purifier de l'erreur qu'ils avoient encensée.

Vous citez injurieusement, *cette classe de Royalistes a conservé toute sa fierté, ses prétentions*, nous en conviendrons avec vous. Sa fierté ne l'abandonnera jamais, parce que sa fierté consiste à remplir ses devoirs envers Dieu et les hommes: elle ne se départira jamais de ses prétentions,

parce qu'elle prétend à ses propriétés pour elle,
et pour toutes les classes de la monarchies : propriétés dont les loix du Royaume sont les sauves
gardes : parce qu'elle prétend de plus, de travail-
ler au bonheur de tous.

Mais craignant de ne pas hâter assez la destruction de cette classe ; non content de nous suppo-
ser tous les crimes de vos partis, de nous prêter
gratuitement votre jouissance atroce, lors de vos
coupables succès ; à l'arme de la calomnie vous
joignez celle du ridicule : et vous nous représentez faussement, *ennyvrés d'une joie bruyante au
moindre succès des armées combinées.* La joie bruyante
est le sentiment et l'expression de l'ivresse du
crime : nous gémissons avec une douleur amère
sur les succès même et les revers des armées combinées, parce qu'ils sont également chers et funes-
tes à la Patrie : nous désirons des succès que nous
partageons : et ainsi que nos alliés, nous sécou-
rons l'ennemi vaincu ; exemple imité de nos chefs,
témoin la conduite de l'armée de Condé, l'au-
tomne 1793. Cette classe, que vous calomniez,
offre des vœux ardents et sincères à l'Etre su-
prême, pour que sa juste vengeance des crimes
des hommes soit satisfaite, pour qu'il rouvre
à la vérité les yeux du malheureux peuple Fran-

çais, si cruellement trompé. Cette classe si calomniée, applaudira même à la clémence du Souverain, si elle veut diminuer le nombre des victimes marquées par le sceau des loix, susceptibles de repentir et de redevenir sociales.

Les Etrangers à vous en croire, sont venus confidemment déplorer auprès de vous , *combien ils sont scandalisés de nos projets de vengeance et d'ambition.* Nous laissons l'ambition aux factieux : la vengeance aux lâches, n'en exerçant d'autre que celle de vous prêcher les remords et de là le repentir. Mais comment des étrangers que vous accusez de vous refuser même un azile , vont-ils vous faire des confidences ?

Vous nous prêtez le ridicule, *de croire que toute l'Europe n'est armée que pour nous ;* vous avancez faussement que *la séduction des Princes , ou les persécutions des Jacobins ont forcé à l'émigration la petite noblesse :* (distinction injurieusement fausse et inventée par vos partis). Nous savons que croire et penser, sur les armements de l'Europe , mais sans vous en faire la confidence. Ce que nous vous dirons, c'est ce que vous savez : que ni la séduction, ni les persécutions n'ont formé l'armée des Princes en 1792. Le cri du devoir, de l'honneur, des dangers de Louis XVI captif au milieu de sujets rebeles , a rallié , (au mépris de la vigilance et des menaces constitutionelles) ; les bons Français qui en ont eú la faculté et la volonté, aux pieds du trône hors de ses barriéres, auprès de la monarchie, loin de son enceinte, et pour le salut de la France hors de la France. Ils n'ont point fui, comme vous les en accusez lâchement ; mais leur zèle a prévenu les ordres que pouvoient leur en donner les Princes. Mais leur obéissance les a portés à cette démarche, que leur prescrivoit la déclaration de Louis XVI, du mois de Juin 1791 : déclaration par la quelle il frappoit de nullité tous les actes, toutes les démarches que la force, les fers, les crimes constitionels lui avoient arraché. Redoutez-la cette déclaration, Mr. Dumouriez, elle vous annonce, et nous prouve que si le Roi respiroit libre pour le bonheur de la France, il frapperoit d'une égale nullité, l'impudente collusion que vous lui imputez dans votre déclaration de guerre à l'Autriche, ainsi qu'à la France. Vous n'avez déclaré la guerre, que pour faire triompher les Jacobins, des Constitutionels : le succès a couronné l'œuvre du ministre des Constitutionels, ensuite des Jacobins, mais non du Roi de France ; le criminel n'approcha jamais si près du trône dans sa liberté. Les bons Français ont abandonné leurs foyers, leurs châtaux, et toutes les fortunes, même ce qu'ils avoient de plus cher, après l'honneur, leurs familles ; pour, sur la foi de promesses royales, porter un prompt secours aux dangers de la Patrie : mais tel a été l'enchaînement de circonstances incalculables, telle a été la fatale destinée de la France, leurs bras ont été liés au moment d'une victoire certaine, au moment de renverser cet autel impie, élevé par des mains sacriléges : leurs foyers ont été détruits pendant leur abscence, leurs biens saisis et vendus, leurs familles persécutées ou immolées; ils ont été négligés eux-mêmes par ceux qui avoient solemnellement promis de les protéger, de les soutenir: ils ont vu le crime triompher, l'erreur étendre ses lianes jusques sur les trônes; mais tel étoit, et tel est encore le sentiment qui les animoit et les anime, qu'ils ont versé des larmes de sang sur la mort à jamais funèbre de notre infortuné Monarque, sur le sort de la France ; et insensibles à leurs maux personnels, ils s'affligeoient pour les autres. Les bons Français se sont quelquefois arrêtés, sur la triste et inutile idée consolante que, si Louis XVI, au lieu de n'écouter que les traitres, se fut lié à ses sujets fidéles, ses fers eussent été brisés, et les secours qu'il a réclamés, eussent été plus prompt, moins couteux, mieux assurés et moins douteux, si . . . . mais je n'oublierai pas que je ne suis qu'un sujet, non missioné de MON ROI, pour parler en son nom et celui de ma Patrie.

N'ayant pas perdu de vue les projets des Constitutionnels et Jacobins , de renverser les trônes et les Souverains ; vous osez encore dans votre réfuge insulter S. M. George III , l'appeller le Monarque le plus déposte, parce qu'il a préservé ses sujets des tristes effets des noires machinations de vos différentes classes de factieux , parce qu'il a pu tromper vos calculs insensés.

Vous osez citer Lafayette , vous osez regretter de ne pas vous entendre avec tel ou tel illuminé sectaire, d'une société infernale , qui semblable aux Titans , menace le Ciel en foulant la terre , et rappelle le cahos ? Vous osez nous repprocher de parler de ses crimes lâches , pour vouer le plus souverain mépris à sa personne justement détenue ? que prétendez-vous partager avec lui ? que projettez-vous de concerter ensemble ? des révolutions , sans doute , ou la spoliation de quelques trésors.

Après avoir agglomeré sur la partie saine des Français, tous les poignards de l'envie, de la calomnie et du ridicule , vous avez l'impudeur d'établir une comparaison, et dire en parlant des parjures constitutionels et des monarchistes , il *entre plus de modération et de raisonnement dans les deux autres classes d'émigrés , et les rapprochemens sont faciles. La Fayette et Dumouriez , s'ils se rencontroient autre part qu'en prison, s'entendroient bien vite.* Eh bien , voici une autre comparaison que je vous oppose, et que l'Europe, que par vos crimes et vos projets révolutionnaires, vous constitution-nels, monarchistes, tous les factieux, avez in-téressée à notre cause , que l'Europe prononce.

Nous bons Français voulons adorer le Dieu de nos peres, lui rendre le culte que J. C. a trans-mis à ses Apôtres, et d'eux à nous par l'Eglise et les successeurs de St. Pierre.

Vous tous factieux vous avez renié Dieu , vous avez brisé ses autels, renversé tous ses temples, jusqu'aux fondemens même, chassé ses ministres loin du sanctuaire; et les trompettes saintes, qui ne devoient servir qu'à appeller le fidele à la priere, à l'adoration, dans vos mains sont devenues des armes terribles et meurtrieres.

Nous voulons le bonheur de la France par l'empire des loix; nous voulons un roi, pour le chérir et lui obéir.

Vous, vous avez fait éclipser le bonheur pour la France, en vous plaçant entre le trône et le peuple, renversant l'un , enchaînant l'autre. Le

[29]

Roi, vous l'avez sacrilégement massacré. Les Loix, Thémis n'a plus ni sceptre ni balance.

Nous voulons l'ordre et la paix.

Vous, vous avez prêché et prêchez encore l'insurrection générale.

Nous voulons une antique constitution.

Vous, vous voulez ou une constitution impossible et inconnue, ou un gouvernement arbitraire, ou la sanglante anarchie.

Nous voulons que les propriétés, même celles du plus foible, soient sacrées. Nous voulons qu'avec la liberté conscrite par les loix, le peuple Français redevienne libre. Nous voulons que le pauvre rentre dans sa cabane, l'habitant des campagnes sous ses toits, l'artisan dans son attelier, le marchand à son comptoir, le bourgeois dans sa maison, le moine dans sa cellule. Nous voulons que le magistrat remonte sur les fleurs de lys. Nous voulons le noble à la tête des bataillons fideles, ou dans ses terres, encourageant l'agriculture par ses conseils, émoussant le goût processif du laboureur, ou le secourant dans ses besoins. Nous voulons l'ecclésiastique dans la chaire de vérité, le prélat sur son siege pastoral. Nous voulons enfin le roi sur son trône, soutenu par notre amour, défendu par notre obéissance, nous protégeant, nous gouvernant TOUS,

Vous, constitutionnels, monarchistes, jacobins, toutes les propriétés vous les avez violées ou dilapidées; les personnes, vous les avez toutes ou trompées, ou dépouillées, ou massacrées; le roi, le trône, vous les avez ou noyés dans le sang, ou couverts sous les cendres.

Nous voulons nous conduire d'après nos ancêtres, d'après l'expérience de quatorze siecles, nous et tous les Bourbons.

Vous, vous ne voulez reconnoître d'autres loix que celles que vous créez aujourd'hui et défaites demain. Vous donnez des leçons à toute la Terre.

De quel côté est la raison? Que l'Europe prononce.

Vous nous menacez d'être bientôt après la rentrée égorgés sous les débris de nos propriétés. Vous nous menacez d'une succession funeste de révolutions.

Nous, nous promettons à vous, constitutionnels, monarchistes et jacobins, qui se repentiront sincérement, de les protéger et leur servir d'égide contre la juste fureur du peuple, qui, revenu de sa longue cécité, voudra se venger sur vos personnes des barbares auteurs de maux innombrables que vous tous factieux avez accumulés sur lui. Nous sommes certains que l'autorité royale dans sa force saura détourner l'esprit de révolution.

Vous nous vouez une haine éternelle; vous nous calomniez avec impudeur.

Nous plaignons votre aveuglement criminel.

Vous nagez dans des richesses usurpées; vous êtes ivres de jouissances coupables; vous affichez l'audace.

Nous, nous souffrons dans une honnorable indigence; l'affreuse nécessité même nous atteint, mais sans nous abattre. Nous sommes nourris de notre fidélité.

Vous insultez tous les souverains; vous soulevez tous les gouvernemens, le monarchique comme l'aristocratique, l'aristocratique comme le populaire. Vous méprisez les loix de tous les pays.

Nous, nous respectons les souverains, les gouvernemens, les loix des pays où nous vivons. Nous gémissons, il est vrai, depuis deux ans sous une violente injustice; mais telle est la destinée des princes, de saisir quelquefois l'erreur au lieu de la vérité qu'ils cherchent. Mais des plaintes fondées, des demandes justes; mais des lumieres répandues sur l'erreur, qui fascine l'esprit et corrode le cœur, sont bien loin d'être l'oubli du respect.

Vous avez presque toute l'Europe, la France même pour ennemies déclarées.

Encore un moment, et l'Europe éclairée par la justice sera vraiment notre amie généreuse et notre puissante alliée. J'ai dit : nous voulons. Oui, parce qu'en mourant même nous dirons encore tous à la vue de l'éternité : nous ne voulions que la justice.

A cet aspect fatal pour vous, factieux de toutes les classes, que pouvez-vous, que pourrez-vous dire ?

De quel côté est la modération ? Que l'Europe prononce. Elle prononcera, et son intérêt lui dictera :

Factieux, soumettez-vous, et sans délai ; si non, je contribuerai puissamment au juste et exemplaire châtiment que vous méritez tous.

Telles sont les volontés de tous les Souverains qui ne veulent régner que par et pour la justice.

Tels sont les vœux de tous les peuples, qui veulent croire en Dieu et jouir de la paix.

Pour amener la fin des maux qui pesent sur nous avec tant de densité, Français, implorons avec résignation la clémence Divine, le premier des recours : précipitons-nous au retour vers nos

loix

loix, et notre antique constitution ; plaçons notre espoir dans les promesses que nous tiendra le jeune fils de Louis , dirigé par la justice éclairée de Monsieur, régent de France, de droit et de fait par nos loix : dans les sages conseils et la surveillance bienfaisante de monseigneur comte d'Artois , lieutenant - général du royaume , les vertus déjà apparentes de ses fils , dans les solides avis d'un Condé et les exploits de ses deux ému-les de gloire , tous les lumieres et les amis nés du trône.

Calculons avec confiance le retour prompt de la justice et de l'appui de tous les souverains , par l'estime que mérite notre fidélité , parce que la tranquillité de l'Europe dépend aujourd'hui de la nôtre ; la sûreté des trônes, du rétablisse-ment du trône Français.

Rallions-nous donc tous autour de ce trône , scellé par la mémoire immortelle des Charlema-gne, des St. Louis, des Louis XII, des Henri IV , des Louis XVI; scellé aussi par les vertus de nos ayeux : imitons leur obéissance et leur soumission, nourries par l'amour ; seul moyen de réunir les esprits , de purifier les cœurs.

C'est sous cette ombre tutélaire, que je donne rendez-vous à tous les Français qui m'entendront

C

Et à vous, Mr. Dumouriez, et les vôtres, si vous pouvez vous repentir sincérement.

Salut. L. C. D. L.

Français, si j'ai mal dit, mon cœur désavouera les fautes de l'esprit. Je n'ai cherché que la vérité.

www.ingramcontent.com/pod-product-compliance
Lightning Source LLC
Chambersburg PA
CBHW061338050726
47595CB00005B/1973